Ensure Your Dream Life With The Law Of Attraction

끌어당김의 법칙과 함께 꿈꾸는 대로 인생 살기

벤자민 데이비스

끌어당김의 법칙과 함께
꿈꾸는 대로 인생 살기

Ensure Your Dream Life
With the Law of Attraction

벤자민 데이비스 Benjamin Davis

김어진 옮김

끌어당김의 법칙과 함께 꿈꾸는 대로 인생 살기

발   행 | 2019-06-19
저   자 | 벤자민 데이비스 / 김어진 옮김
펴낸이 | 한건희
펴낸곳 | 주식회사 부크크
출판사등록 | 2014.07.15.(제2014-16호)
주   소 | 서울특별시 금천구 가산디지털1로 119 SK트윈테크타워 A동 305호
전   화 | 1670-8316
이메일 | info@bookk.co.kr

ISBN | 979-11-272-7591-4

www.bookk.co.kr

이 책에서 당신은 다음과 같은 것을 배우게 될 것입니다.

끌어당김의 법칙을 그렇게 강력하게 만드는 것은 무엇인가.

끌어당김의 법칙을 지배하는 세 가지 기본 요소

끌어당김의 법칙을 마스터하는 가장 확실한 기법.

자신을 바꾸고 법칙을 적용하는 세 가지 방법.

끌어당김의 법칙에서 결과를 극대화하기 위한 10가지 핵심적인 조언.

법칙을 더 빠르고 효율적으로 작동하게 하는 4가지 팁.

끌어당김의 법칙을 적용해 부를 축적하는 법.

원하는 것보다 더 많은 돈을 벌기 위한 단계별 방법.

끌어당김의 법칙을 이용해 재무 상태를 개선하는 법.

재무적 성공의 문을 여는 3가지 열쇠.

무일푼에서 돈을 버는 비밀.

끌어당김의 법칙을 이용하여 돈의 진동을 일으키는 법.

비즈니스와 마케팅과 끌어당김의 법칙의 관계.

끌어당김의 법칙은 어떻게 더 많은 고객을 끌어들일 수 있는가.

사업상의 잠재고객을 끌어들이는 데 필요한 3가지 중요한 질문.

끌어당김의 법칙을 통해 마케팅 성과와 능력을 높이는 법.

마케팅 능력을 점검하는 법.

마케팅 능력을 높이기 위한 7단계.

현재를 느끼고 살아가기 위한 강력한 10가지 진동 팁.

더 많은 수익을 얻기 위해 판매와 마케팅에서 성공을 상상하는 법.

목표를 시각화하는 6가지 놀라운 방법.

커뮤니케이션과 끌어당김의 법칙 사이의 연결고리.

더 나은 의사소통을 위한 7가지 지침.

주요 요인이 무엇인지 파악하고 그것을 끌어당기는 방법.

성공 요소로서의 끌어당김의 법칙.

과거의 조건을 극복하는 3가지 방법.

성공의 일곱 가지 영적 법칙.

성공의 법칙과 끌어당김의 법칙을 동시에 사용하는 법.

목차

들어가며

성공하고 싶은가?

해야 할 일은 모두 다하고 있는데도 좀처럼 성공이 오지 않는 것 같은가?

그래서 확실한 효과를 보장하는 테크닉을 시도해보고 싶은가?

그렇다면 제대로 찾아오셨습니다, 손님!

당신이 배우고 마스터하고 적용할 필요가 있는 것은 끌어당김의 법칙이다. 끌어당김의 법칙은 법칙의 개념을 따르기만 하면, 부자가 되고 유명해지고 행복해질 수 있다고 한다. 그 개념이 뭔지 알고 싶지 않은가?

끌어당김의 법칙은 비슷한 것끼리 서로 끌어당긴다고 한다. 그러므로 부정적인 생각과 파괴적인 감정에 빠져 있다면, 어떤 좋은 것도 다가오지 않을 것이다. 하지만 긍정적으로 생각하고 건설적인 감정 하에서만 행동한다면, 당신은 성공할 것이다!

비참한 삶은 그만 살아라. 환경이 당신을 위해서 움직이게 하라. 그 반대가 아니다. 당신은 끌어당김의 법칙의 힘을 가지고 있다. 그 힘을 아군으로 만들어라. 어렵지 않다. 성공하기 위해 필요한 것은 그것이 전부다!

당신은, 우주의 힘은 너무도 강력해서 적절하게 사용하는 방법만 배우면 원하는 것은 무엇이든지 가져오게 할 수 있다는 사실을 알게 될 것이다.

꿈을 성취하는 것은 그저 올바른 일을 하고 올바른 말을 하는 것 이상을 필요로 한다. 꿈을 이루는 것은 생각과 감정과 많은 관계가 있다.

당신이 세상에 투사하는 어떤 생각도 특정한 결과를 가져올 것이다. 그것이 끌어당김의 법칙의 힘이다.

인생을 완전히 새로운 성취의 수준으로 가져갈 준비가 되었다면, 이 책은 당신의 이상적인 로드맵이 될 것이다.

- 벤자민 데이비스 Benjamin Davis

서문

    끌어당김의 법칙은 비슷한 에너지를 서로 끌어당기는, 우주의 자석 같은 힘이다. 이 법칙은 창조력을 통해서 다양한 방식으로 구현되며 법칙이 존재하지 않는 곳은 어디에도 없다.

    중력의 법칙 또한 끌어당김의 법칙의 일부다. 이 법칙은 모든 생각, 아이디어, 사람, 상황과 환경을 끌어당긴다.

    끌어당김의 법칙은 당신의 것과 비슷한 생각과 아이디어를 끌어당긴다. 법칙은 당신의 본성과 생각, 행동과 매우 유사한 사람들을 끌어당긴다. 또한 당신에게 일어나는 것에 상응하는 상황과 조건들을 끌어당긴다. 관심사가 비슷한 사람들을 함께 연결지어주는 것도 이 법칙의 힘이다.

생각은 위대하고, 빠르며 공짜다. 생각은 우주의 빛에 불을 붙이며 인류의 모든 위대한 영광을 만든다. 모든 생각, 마음속의 모든 이미지와 거기에 관련된 모든 느낌들은 현실로 실체화된다. 인생의 모든 성취는 마음이 끌어당긴 것이다.

우회적으로 말해서, 인생에서 행복과 불행은 모두 자기 자신의 작품이다. 즉, 의식적으로 자신의 인생을 창조할 수 있다. 영혼에 평화와 마법을 가져오는 것들을 끌어당기고 모든 부정적인 생각을 버릴 수 있다는 뜻이다.

이 법칙을 어떻게 활용할 수 있을까? 창조적 시각화와 확언으로 가능하다. 예로부터 이 법칙을 실천해서 행복을 지속적으로 달성했던 사람들이 있었다.

끌어당김의 법칙은 가장 강력하고 오래된 보편법칙이다. 법칙은 마음 상태로부터 힘을 끌어낸다. 마음에서, 의식과 잠재의식은 생각에 따라 환경과 사건들을 끌어오는 보이지 않는 자석으로서 기능한다. 달리 말해서, 행동뿐만 아니라 생각에 있어서도 매우 신중해야 한다. 생각은 현실로 실현되기 때문이다.

끌어당김의 법칙은 영묘하면서도 매우 강력하다. 법칙은 믿음의 손에 명령하는 것을 가능하게 해준다. 그러므로 인생을 향해 항상 긍정적인 태도를 계발하라. 원하는 것을 생각하고, 자신감을 가지고 원하는 것을 받을 자격이 있다고 확신하라.

"원하는 것을 어떻게 성취할 것인가?" 걱정하지 마라. 끌어당김의 법칙이 그것을 끌어서 당신에게로 가져다줄 것이다. 그것이 오기를 기다리고 있을 때, 이미 가지고 있다는 열렬한 신념으로서 시작할 수 있다. 지속적인 정신적 연습이 당신을 훈련시켜 줄 것이다. 당신은 곧 이것이 정말로 효과적이라는 사실을 알게 될 것이다.

낙관주의는 다른 무엇보다도 성공과 행복에 관련된 자질이다.

지속적인 낙관주의는 힘을 배가시킨다. 치유 불가능한 낙관주의자가 되기 위해서는 자기 신념은 필수다. 그것은 문자 그대로 하나님의 선물이다. 어떤 인간적인 문제도 해결할 수 있다. 어떤 비관주의자도 별의 비밀을 찾고 미지의 나라를 향해 항해할 수 없으며, 인간의 영혼에 새 하늘을 열 수 없다.

인생에서 얼마만큼 상승할 수 있는가는 무슨 일이 일어나느냐가 아니라 그것을 어떻게 처리하느냐에 의해 결정된다. 어둠을 저주하는 대신 작은 **촛불** 하나를 밝혀라. 꿈의 인생을 살 수 있다. 재능, 천재성, 교육에는 한계가 있지만 끈기와 단호함은 전능하다. 마음을 행복한 생각으로 채워라. 그리하면 항상 행복이 삶 속으로 찾아올 것이다.

끌어당김의
법칙

이 장에서 인생에서 성공하는 방법을 말씀드리겠다. 인생에서의 성공은 끌어당김의 법칙을 마스터하여 성취할 수 있다. 또 우리는 끌어당김의 법칙과 같은 것이 왜 존재하는지 그 이유를 알아보고 법칙을 마스터하는 법도 살펴볼 것이다.

끌어당김의 법칙이란 무엇인가?

끌어당김의 법칙은 삶의 부정적 면에 연연해서는 안 된다는 원칙을 기반으로 하는 이론이다. 법칙은 생각이 운명에 영향을 미친다고 말한다. 사실, 끌어당김의 법칙은 새로운 개념이 아니다. 유일한 새로운 것은 최근에 널리 퍼지기 시작했다는 것이다. 현재 많은 사람들이 이 법칙을 따르기 시작하고 있다.

끌어당김의 법칙을 이해하기 위해서는 먼저 법칙의 기본을 알아야 한다.

△ 끌어당김의 법칙은 자연법칙이다. 중력의 법칙, 공기역학의 법칙과 끌어당김의 법칙 모두 우리가 사는 세상을 지배하는 법칙들이다. 이들 가운데 끌어당김의 법칙이 인생을 다스리는 법칙이다. 이 사실은 당신에게 알려졌을 수도 알려지지 않았을 수도 있다. 그러나 인정 여부를 떠나서 이 법칙은 모든 사람의 인생에서 일정 역할을 담당하고 있다.

△ 비슷한 것끼리 서로 끌어당긴다. 이 원리는 '유유상종'

이란 말과 같이 진실이다. 법칙은 본성과 생각, 행동과 매우 유사한 사람을 끌어당긴다. 또한 당신에게 일어나는 것에 상응하는 상황과 조건들을 끌어당긴다. 관심사가 비슷한 사람들을 함께 연결지어주는 것은 이 법칙과 힘이다.

△ 변화만이 유일한 해답이다. 알다시피, 이 우주에서 유일하게 변하지 않는 것은 모든 것은 변한다는 사실이다. 인생에서 성공하기 위해서는, 자기 자신과 태도를 바꾸어야 한다. 인생에서 좋아하지 않는 뭔가가 일어나고 있다면, 태도를 바꿔야 한다. 긴장을 풀고 인생에서 일어나고 있는 모든 것에 대해 생각하라. 그리고 모든 시도와 노력에도 불구하고 실패하고 있다면 어디서 잘못되고 있는지 알아내려고 하라. 그리고 성공을 끌어당기기 위해 필요한 변화를 모두 수용하라.

이제 무엇이 끌어당김의 법칙을 그렇게 강력하게 만드는지 분석해보자. 비록 일부 잘못 알고 있는 부분도 있지만 이 법칙은 이해하기 너무 어렵지는 않다. 끌어당김의 법칙은 매우 단순하며 쉽다. 법칙을 이해하고 자신을 위해 어떻게 작용하는지만 파악하면 된다. 그렇게 됐을 때, 법칙이 자동적으로 작동하도록 설정할 수 있다. 법칙에 대한 이 지식이 지금까지 당신을 피해

다니기만 했던 모든 성공을 가져다줄 것이다.

이제 무엇이 법칙을 작동하게 하는지 알아보자. 당신은 끌어당김의 법칙이 작동하도록 할 수 있다. 인생에서 무엇을 원하는지 아는 사람은 바로 당신이다. 그러므로 이 법칙이 당신을 위해 일하도록 해야 한다. 끌어당김의 법칙은 원하는 것은 무엇이든지 당신의 삶 속으로 가져다준다. 예를 들어, 항상 인생의 부정적인 면만 보고 부정적인 생각만 한다면, 끌어당김의 법칙은 오직 부정적인 것들만 삶 속으로 가져다줄 것이다. 그러므로 승리자가 되기 위해서는, 부정적인 생각을 피하고 긍정적인 것에만 마음의 초점을 맞춰야 한다. 나머지는 법칙이 알아서 돌볼 것이고 당신은 성취하는 사람이 될 것이다.

인생에서 자기 자신의 생각과 행동에 책임지는 법을 배운다면 끌어당김의 법칙은 당신의 최선을 위해 움직일 것이다. 일단, 이것을 제어할 수 있게 되면, 바라는 모든 것을 얻게 될 것이다. 이 뒤에 숨은 아이디어는 생각이 강해질수록, 끌어당김의 법칙의 힘도 더 강해진다는 것이다.

끌어당김의 법칙은 어떻게 마스터하는가?

모든 사람은 인생에서 성공하고 모든 좋은 것을 얻기를 바란다. 하지만 원하고 생각하는 것만으로는 어디에도 갈 수 없다. 당신은 끌어당김의 예술을 마스터해야 한다. 원하는 것을 끌어당겨야 한다. 하지만 걱정하지 않아도 된다. 내가 끌어당김의 요인을 마스터하는 예술을 알려드리겠다.

끌어당김의 법칙을 마스터하는 데 있어 핵심적인 문제는, 법칙을 실제로 마스터하는 것이 중요한 게 아니라 **당신이** 그 법칙을 마스터해야 한다는 데 있다. 당신이 하는 행동이 인생에서 무엇을 원하던지 끌어당기기 시작할 것이다. 진지하게 말해서, 일단 삶에서 요구되는 것들을 깨닫고 그것을 생각하기 시작하면, 이미 끌어당김의 법칙을 마스터한 것이나 다름없다.

법칙은 결코 변하지 않는다. 법칙은 영원하다. 법칙에 있어서 변수는 바로 당신에게 있다. 그러므로 법칙이 일하도록 하기 위해서는 당신 자신이 바뀌어야 한다. 더 많이 바뀔수록, 끌어당김의 법칙은 더 강해지고 원하는 것들이 당신을 향해 밀려올 것이다.

아마 끌어당김의 법칙을 발견하자마자, 인생의 모든 것이 즉각적으로 변할 것이라는 말을 들어봤을 것이다. 하지만 장담하건대, 이것은 그냥 또 하나의 동화 같은 이야기에 불과하다. 법칙이 당신을 위해 작동하도록 하는 유일한 것은 당신이 자기 자신에게 가져오는 변화다.

최고의 인생을 원한다면, 꿈꾸는 라이프스타일을 받아들여서 살기 시작해야 한다는 것을 기억하라. 그리고 원하는 삶을 살기 시작할 때, 끌어당김의 법칙이 이미 당신을 위해 일하기 시작했다고 확신할 수 있다.

이제 당신은 끌어당김의 법칙이 무엇인지 안다. 그리고 법칙이 일하도록 하기 위해 자기 자신을 바꾸는 법도 알고 있다. 인생에 영원한 변화를 가져오기 위해 끌어당김의 법칙의 힘을 극대화하기 위한 팁을 몇 가지 드리겠다. 하지만 법칙이 당신을 위해 일하게 하기 위해서는 먼저 자기 자신을 바꿔야 한다는 사실을 잊지 마라. 이제 팁을 말해보자.

1. 절대로 성장을 멈추지 마라: 절대로, 인생의 어떤 시점에서도 성장을 멈춰서는 안 된다. 이 말은 삶에서 모든 것을 다 이루었다고 느껴서는 절대로 안 된다는 뜻이다. 뭔가에 대해 모든 것을 안다고 생각하지 마라. 모든 것을 다 안다고 생각하는 순간, 성장은 멈출 것이다. 그리고 끌어당김의 법칙이 당신을 위해 일하는 것도 멈출 것이다. 법칙에 대한 지식을 더 많이 얻을수록, 더 많이 성장할 수 있다. 그리고 더 많은 좋은 것들을 끌어당기게 될 것이다.

2. 법칙을 비밀로 하려고 하지 마라: 법칙에 대해 사람들에게 말하고 가르쳐야 한다. 법칙을 가르치려고 노력할수록, 그것의 복잡성을 더 많이 이해할 수 있을 것이다.

"가르침은 지식을 전하기도 하지만, 얻게도 해준다." 그러므로 가능한 한 많은 사람들에게 법칙을 가르치려고 하라. 다른 이들에게 법칙을 설명해주면, 스스로도 법칙의 개념을 더 잘 이해하게 된다.

3. 더 빨라지려고 하라: 당신은 원하는 것이 빠른 속도로 끌려오도록 원하는 것에 빠르게 초점을 맞춰야 한다. 이것은

자존심을 내려놓고 모든 영역에서 바꿀 필요가 것은 바꿔야 한다는 의미다. 설사 특정 영역에서 변화하기 어렵다 해도, 무시하지 말고 바꾸려고 노력하라. 빠르게 변화할수록 더 좋다.

끌어당김의 법칙은 왜 그렇게 강력한가?

끌어당김의 법칙은 항상 작용하고 있으며 당신과 주변 환경에 영향을 미치고 있는 보편법칙이다. 영화 '시크릿'이 나오고 나서부터 이 법칙은 보다 널리 알려졌다. 영화에서 말하는 핵심은 원하는 것을 단호하게 결정하고 고집스럽게 노력하면서, 원하지 않는 것에는 초점을 맞추지 말라는 것이다.

끌어당김의 법칙은 진실로 무한에 대한 정의다. 법칙의 발전에는 한계가 없다. 따라서 끌어당김의 법칙의 무한히 가능한 이점을 실현하려면 보다 더 큰 범주에서 법칙의 개념을 이해하려고 해야 한다.

여기에 실제로 끌어당김의 법칙을 실천할 때 염두에 두어야 할 10가지 팁이 있다. 그것은 다음과 같다.

1. **자신이 무엇을 원하는지 알아라.**
2. **오직 인생에서 바라는 것에만 집중하라.**
3. **바라는 것을 이미 가지고 있다고 상상하라.**

4. 이미 가지고 있다고 느끼고 그러한 느낌이 얼마나 대단할 수 있을지 상상하라.

5. 절대로 특정한 수단으로 결과를 한정지으려 하지 마라.

6. 기회가 왔을 때 주저하지 말고 잡아라.

7. 과정을 믿어라. 요청한 것이 오고 있다고 믿어라.

8. 원하는 것을 이미 가진 것처럼 행동하라.

9. 자신을 행복하게 해주는 일을 하라.

10. 인생에서 이미 가지고 있는 것에 고마워하고 감사하라.

일단 원하는 것을 가지면, 거기에 감사를 표해야 한다. 삶에서 얻는 것에 감사하면, 끌어당김의 법칙은 진정으로 경이로운 것들을 가져다줄 것이다. 인생에서 더 많은 감사를 보일수록, 원하는 것을 더 많이 얻게 된다. 이것은 끌어당김의 법칙의 고유한 비밀이다. 그러므로 끌어당김의 법칙이 당신을 위해 일하도록 하고 싶다면, 가진 것을 향해 마음속으로 감사하라. 더불어 항상 삶에 대해 긍정적인 전망을 가지도록 하라.

인생에서 끌어당김의 법칙을 어떻게 적용할까?

이제 인생에서 끌어당김의 법칙을 적용하고 활용하는 방법을 알려드리겠다. 그러기 위해서는 다음 요점들을 기억해야 한다.

1. 어떤 것에 대해 느끼는 감정이 진실로 당신에게서 나오는 진동을 생성한다.

2. 안에서 창조된 진동은 우주와 소통하는 길이 된다.

3. 이 세상 모든 사람은 각자가 자기 인생의 창조자다.

4. 당신은 자신이 상상하고 감지하는 것에 호소한다.

5. 말은 매우 중요하며, 구속력이 있다. 따라서 당신은 자신이 초대하는 것을 얻게 된다.

6. 따뜻한 마음은 에너지를 생산한다. 많은 사랑을 보여줄 때, 그것은 확실히 더 많은 에너지를 끌어당긴다.

7. 당신, 바로 당신이 모든 것을 끌어당긴다.

8. 긍정적인 생각은 부정적인 생각보다 더 강력하게 원하는 것을 끌어당긴다.

그러므로 무슨 생각을 선택할지 주의해야 한다. 생각이 행동을 반영할 것이기 때문이다. 당신은 대부분의 시간 동안 생각하고 초점을 맞추는 것을 얻을 것이다. 일단 끌어당김의 법칙을 알고 이해하면, 다음의 팁들을 활용해서 법칙이 당신을 위해 더 빠르게 작용하도록 할 수 있다.

1. 감사를 표현하라: 인생에서 얻고 있는 것에 대해 감사하려고 노력하면, 끌어당김의 법칙이 다가오고 당신은 자신을 행복하게 해주는 것들을 더 많이 얻을 것이다. 하지만 그와 반대도 가능하다. 만약 뭔가에 우울해 한다면, 끌어당김의 법칙이 슬퍼할 더 많은 이유를 제공해줄 것이다. 따라서 법칙이 인생에 도움이 되게 하려면, 아무리 단순하더라도 모든 것에 그저 행복하라.

2. 당신을 행복하게 해주는 것만을 말하라: 항상 마치 가지고 있는 바람들이 지금 함께 있는 것처럼 말하라. 원하지만 가지고 있지 않은 걸 얘기하는 것은 터무니없는 생각일지도 모른다. 하지만 이것이 끌어당김의 법칙의 진리다. 원하는 것을 더 많이 생각할수록, 끌어당김의 법칙은 그것을 현실 속으로 더 많이 가져다준다.

3. 자신을 원하는 것들로 둘러싸라: 법칙이 성공을 가져다 주기 바란다면 가장 원하는 것들과 함께 살기 시작해야 한다. 법칙을 성공적으로 적용하는 것은 자신의 존재를 원하는 것의 에너지 속으로 넣는 데 달려 있다. 원하는 것에 초점을 잘 맞추고 흔들리지 않으면 끌어당김의 법칙은 바라는 것을 더 많이 가져다줄 것이다.

4. 내려놓아라! 욕망을 가지는 것과 그것을 내려놓는 것 사이에는 모순이 있는 것처럼 보인다. 이것은 욕망이 탐욕스러운 것이 되어서는 안 되며, 이미 가지고 있는 것을 적용하지 못하게 막아서도 안 된다는 의미다. 하지만 너무 과하게 바라거나 집착함이 없이 행동과 초점의 미묘한 밸런스가 있어야 한다는 것을 잊지 마라.

위의 모든 사항을 고려하고 균형 잡힌 방식으로 행동하기 시작할 때, 끌어당김의 법칙이 당신을 위해 작동하는 것을 확신하게 될 것이며, 인생에서 원하는 것들을 더 많이 얻게 될 것이다.

끌어당김의 법칙으로 부를 축적하기

이 책의 두 번째 장에서는 끌어당김의 법칙을 통해 부자가 되는 방법을 말하고자 한다. 절차는 매우 간단하면서도 대단히 효과적이다.

끌어당김의 법칙을 이용해서 어떻게 많은 돈을 벌 수 있나?

만약 더 많은 돈을 벌고 싶다면, 이제 내가 알려주는 방법을 면밀히 따라야 한다. 영화 "시크릿"을 봤다면, 자기 작성 수표 (self-written check)라고 하는 기법을 들어봤을 것이다. 자기 작성 수표에서는 '수취인' 란에 자신의 이름을 쓰고 원하는 돈의 액수를 적는다. 이제 더 많은 돈 혹은 원하는 액수의 돈을 만들어 내는 방법을 단계별로 알아보자.

△ **원하는 돈의 액수를 정하라:** "생각 + 감정 = 끌어당김" 이라는 공식만 기억하라. 공식을 명심하고 수표에 원하는 금액을 적고서 매일 바라보라. 수표에 적는 금액은 끌어당김의 법칙이 더 잘 작동하도록 당신을 흥분시키는 숫자여야 한다. 욕망과 흥분의 감정이 충분히 강하다면, 더 빠르고 수월하게 돈을 얻게 될 것이다.

△ **수표를 써라:** 두 번째 단계는 수표를 쓰는 것이다. 금액란에 원하는 액수를 기재하라. 이름을 쓰고 돈을 받고 싶은 날짜를

적어라. 전체적인 상황을 가능한 한 현실감 있게 진짜처럼 만들어라.

△ 원하는 돈을 갖게 될 때까지 가능한 한 오래 수표를 바라보라: 수표의 먼지나 얼룩을 깨끗하게 털고 원할 때마다 볼 수 있는 곳에 두어라. 수표를 주의 깊게 다루어라. 보고 싶을 때마다 볼 수 있도록 직장이나 가장 많은 시간을 보내는 곳에 수표를 두라고 권하고 싶다.

이제 이 자기 작성 수표라는 간단한 방법을 사용해서 끌어당김의 법칙이 당신을 위해 작동하도록 하라. 원하는 만큼 돈의 액수를 정하라.

끌어당김의 법칙을 사용하여 더 많은 돈을 벌고자 한다면, 감정과 생각, 시각화의 중심을 그 방향으로 둘 필요가 있다. 끌어당김의 법칙은 오직 원하는 것을 상세하게 알 때 빠르게 작동하므로, 요구사항을 구체적으로 해야 한다. 예를 들어 휴가를 가고 싶다고 하자. 그럴 경우 이미 휴가를 내서 원하는 곳에 있는 것을 생각하라. 원하는 곳에서 가족과 친구들과 함께 즐겁게 보내고 있는 것을 상상하라.

하지만 원하는 것에 대해 생각하는 것만으로는 충분하지 않음을 잊어서는 안 된다. 생각에 더해서 원하는 것을 얻었을 때 가지게 될 감정을 느껴야 한다. 느낌 속으로 깊이 들어가서 상상 속에 빠지도록 하라. 실제로 돈을 가졌을 때와 똑같이 느끼도록 하라. 당신이 바라는 액수의 돈을 보여주고 있는 은행 잔고를 상상해야 한다. 의식적이든 무의식적이든 이런 생각이 정기적으로 찾아오도록 하라.

끌어당김의 법칙을 이용해서 재정적 위치를 개선하기

백만장자 마인드를 끌어내고 끌어당김의 법칙을 호출하는 가장 강력한 방법은 감사다. 감사는 기적을 일으킬 수 있는 매우 강력한 감정이다. 이제 재정적 성공의 자물쇠를 열어주는 3가지 열쇠를 공개하겠다.

△ **잘 정의된 목표:** 실제로 목표를 얼마나 많이 원하는지 명확하게 숫자로 표시하라. 투자를 한다면, 얻고 싶은 수익률이 있을 것이다. 그것은 5%나 10% 또는 25%가 될 수도 있다. 유일한 전제는 객관적으로 현실적인 '수익률'을 가져야 한다는 것이다. 이것은 목표에 집중하도록 도울 것이다. 그리고 그에 따라 계획을 세울 수 있다. 그렇게 해서 목표를 달성하기 위한 의사결정을 내려야 한다.

△ **정신적 태도는 긍정적이어야 한다:** 무엇을 하던지 항상 긍정적인 태도를 가져라. 재정적으로 이루고 싶은 목표가 무엇이든 항상 긍정적이어야 한다. 목표를 성취한 환경을 생각하고

그 속에서 살기 시작하라. 거기에 따라서 계획을 그려라. 이것은 마음에 평화를 가져다줄 것이고, 태도는 자동적으로 긍정적인 것이 될 것이다.

△ **목표를 계획하라:** 계획을 세우는 것은 성취에 있어서 가장 중요한 부분이다. 잘 세운 계획이 있어야만 성취할 수 있다. 계획이 없으면 알지도 못하는 곳에서 헤매고, 그곳에서 벗어나는 방법도 모를 수 있다. 계획 없는 투자는 어디에도 데려가주지 않는다. 그러므로 투자하기 전에 항상 이상적이면서 현실적인 계획을 세우도록 하라.

어떤 이들은 긍정적인 사고의 힘이면 충분히 돈을 끌어당길 거라고 믿는다. 전적으로 틀린 말은 아니지만, 긍정적인 태도는 올바른 방법의 스텝 하나일 뿐이다. 명심하라. 긍정적인 생각 혼자, 또는 끌어당김의 법칙 혼자서는 재정적인 위치를 개선하도록 돕지 못한다.

끌어당김의 법칙과 함께 하는 긍정적인 태도만이 유일한 툴이다. 이 도구를 이용해서 당신을 부자로 만들어줄 조건을 구현해야 한다. 툴이 부 그 자체를 창조하지는 않겠지만 목표를 성취하도록 도울 것이다.

당신이 가지는 생각이 자산의 뿌리가 된다. 그리고 여러 가지 상황이 발생하도록 지원한다. 또 생각은 직접적으로 부를 끌어 당기는 힘을 형성한다. 그러므로 자신의 생각을 인식하고 있어 야 한다. 오직 건강한 인식만이 원하는 변화를 가져다줄 수 있 다.

행동으로 확고하게 이어지는 선택과 결정을 해야 한다. 생각 의 효과를 인식하도록 자신을 바꿔라. 마지막으로, 습관이 당신 의 부유한 라이프스타일을 결정할 것이다. 그리고 결과적으로 재정 상태를 개선하는 것을 도울 것이다.

어떻게 끌어당김의 법칙을 통해서 무일푼에서 돈을 벌 수 있을까?

돈을 구축하는 기술이 있다. 원자보다 얄팍하고 작은 돈의 본질을 깨달을 때, 당신은 절대로 불우하지 않다는 걸 이해하게 될 것이다. 부를 창초하기 부가 필요한 것은 아니다.

당신은 모든 곳에서 돈의 기회를 보기 시작해야 한다. 돈이 어떻게 흐르는지, 한 사람에게서 다른 사람에게로 어떻게 이동하는지 인식해야 한다. 이것을 이해하면, 더욱더 자신감이 생기고 자신을 향해 능숙하게 돈을 끌어당기게 될 것이다. 어떤 기술적인 교육도 필요지 않다. 돈을 많이 투자할 필요도 없다.

무일푼에서 돈을 벌도록 돕는 몇 가지 기본적인 단계는 다음과 같다.

△ **첫 번째 단계. 돈에 생각을 집중하라.** 돈이 친구라고 상상하라. 친구를 사랑하듯 돈을 사랑하다. 하지만 돈에 대해 탐욕스럽게 굴어서는 안 된다. 탐욕은 오직 긴장 외에는 아무것

도 낳지 않기 때문이다. 돈을 향한 건강한 사랑을 가져라. 적어도 매일 30분씩 돈에 관해 명상하도록 하라. 손에 진짜로 돈이 있다고 시각화하라. 자신에게 많은 돈이 있고 행복한 삶을 살고 있다고 상상하라.

△ 두 번째 단계. 빚을 청산하라. 당신은 모든 청구서와 부채가 신속하게 상환되는 것을 보아야 한다. 채무의 긴장에서 풀려나면, 풍요롭게 돈을 버는 생각에 집중할 수 있다.

△ 세 번째 단계. 매달의 수입과 지출을 도표화하라. 자신이 관리할 수 있는 예산을 마련하라. 이것은 모든 불필요한 지출을 줄일 수 있게 해준다.

△ 네 번째 단계. 불필요한 지출을 줄여라. 이를 테면, 쇼핑을 가기 전에 사야할 품목의 목록을 만드는 것이다. 그러면, 원하는 물건만 구입할 수 있고, 필요하지 않은 것에는 손이 가지 않을 것이다.

△ 수입을 높이려고 노력하라. 현재 직장에서 초과근무를 하거나 다른 부업을 해서 수입을 높일 수 있을 것이다. 또 여러

가지 수입원을 시도해볼 수도 있다.

△ 불필요한 지출을 줄이고 수입을 올렸다면, 이제 저축을 할 수 있다. 매달 가능한 만큼 저축하도록 하라.

△ 마지막 단계. 감사하라. 가지고 있는 돈을 보며 적어도 이 정도 가지고 있다는 사실에 감사하라. 이것은 당신의 관점을 넓히도록 도와줄 것이다.

위에서 언급한 단계들은 단지 더 많은 돈을 벌기 위해 채택할 수 있는 원리다. 당신은 계속 헌신하고 인내해야 한다. 이것은 끌어당김의 법칙을 활용하는 데 도움이 될 것이다. 당신은 돈을 천천히 늘릴 수 있으며, 성공과 풍요는 자동적으로 따라올 것이다.

끌어당김의 법칙을 이용해서 돈의 진동 올리기

당신이 살면서 끌어당기는 것은 무엇이나 끌어당김의 법칙 때문에 끌려온다. 생각하거나 감정을 느낄 때, 몸으로부터 어떤 진동이 주어진다. 진동은 긍정적일 수도 부정적일 수도 있다. 행복한 생각을 할 때, 진동은 긍정적이다. 하지만 슬픈 생각을 하면, 진동은 부정적인 것으로 변한다.

생각의 진동은 돈을 버는 데 사용될 수 있다. 원하는 것을 얼마나 빠르고 얼마나 수월하게 구현할 수 있는지는 진동이 결정한다. 느낌은 항상 변한다. 이 진동을 끌어당김의 법칙의 힘을 풀어놓도록 사용할 수 있다.

성공의 열쇠는 진동을 높이는 것이다. 청구서를 지불할 수 없다고 알게 될 때 두려움의 감정은 당신을 먹어치운다. 이것은 진동을 떨어뜨린다. 그리고 진동이 낮으면 원하는 구현할 수 없다. 진동이 낮아질수록, 긍정적으로 생각하는 능력도 낮아진다. 끌어당김의 법칙이 유리하게 작동하게 하려면, 진동을 올리고 높은 수준으로 유지해야 한다.

이제 진동을 올려주는 몇 가지 팁을 제공하겠다. 그것은 다음과 같다.

1. 인생에서 원하는 것을 매일 시각화하라. 매일 아침 최소한 10분씩 원하는 것을 상상하라. 이것은 당신에게 정말로 경이롭게 작용할 것이다. 이것을 습관화하라. 매일 반복하면 시각화하는 능력도 커진다. 증가된 시각화 능력은 더욱더 빠르게 원하는 것을 끌어당기도록 돕는다. 시각화에 감정을 더할 수 있다면, 원하는 것은 더 빠르게 얻어진다.

2. 감정에 더 많은 주의를 기울여라. 감정이 언제 올라왔다 사라지는지 놓치지 않도록 하라. 이것을 알 수 있게 되면, 자신의 에너지 수준을 쉽고 빠르게 교정할 수 있다. 진동이 조금 떨어지면, 쉽게 끌어올릴 수 있다. 하지만 에너지 수준이 크게 떨어진다면, 끌어올리기가 매우 어려울 것이다.

3. 음악도 진동에 영향을 미친다. 즐겨 듣는 음악의 타입을 바꾸어라. 진동을 상승시켜주는 유형의 음악만 듣도록 하라.

당신이 끌어오려고 하는 것과 하나가 되어 내면에서 심장의 고동을 울려주는 음악을 찾아라.

진동은 매일 먹는 음식에도 영향을 받는다. 사람들이 많이 먹는 패스트푸드는 높은 진동을 만들어주지 않는다. 채식은 보다 높은 진동을 유지하는 데 도움을 준다. 물도 진동을 만들 수 있다. 약간의 의도를 부여하여 물에 에너지를 충전시키면서 마셔라. 그러면 진동이 올라간다. 이를 테면, 기도문을 읊조리면서 물을 충전시킬 수 있다. 물을 충전시키는 연습을 하고 나서는 음식에도 시도할 수 있다. 이 모든 것이 당신을 긍정적인 진동으로 충전시켜줄 것이다.

끌어당김의
법칙을 통한
마케팅

대부분 마케팅은 힘든 일이라고 알고 있다. 그리고 경쟁제품
이 있을 경우 일은 더 힘들어진다. 하루 종일 힘들게 일하고
많은 고객을 만났어도 여전히 제품 하나도 판매할 수 없을 수도
있다. 하지만 걱정하지 않아도 된다. 이제 판매고를 늘리고 잠재
고객을 진짜 고객으로 만드는 방법을 알려드리겠다.

끌어당김의 법칙을 사용해서 잠재고객을 유치하기

끌어당김의 법칙이 어떻게 작동하는지 이해하려면, 먼저 다음 질문에 대답해야 한다.

무엇이 내가 원하는 것으로부터 나를 막고 있는가?

이 질문에 대답하고 잠재고객을 끌어당기는 데 있어 당신의 느린 진보에 대한 원인을 찾아보라. 이것은 당신 내면에 변화를 가져올 것이다. 이 변화는 당신이 원인을 추론하는 것을 도울 것이다. 그런 다음 거기에는 많은 이유가 있다고 느낀다면 차례로 하나씩 원인을 분석하도록 하라.

원하는 것을 끌어당기려면 누구를 모델로 삼아야 하나?

그저 성공하는 사람들을 생각하고 그들을 모방하려고 하라. 그들의 시각으로 바라보고 그들이 하고 있는 것을 하려고 시도

하라. 굳어진 관습과 특성, 라이프스타일을 바꿔서 당신 또한 자신을 발전시키고 원하는 것을 끌어당겨라. 변화가 필요한 습관과 특성, 라이프스타일을 알게 되면, 곧바로 바꾸기 시작하라.

원하는 것을 끌어당기기 위해서는 어떤 것들은 기꺼이 포기해야 한다. 그렇다. 뭔가를 얻고자 한다면, 다른 것을 포기해야 할 수도 있다는 것은 진실이다. 당신이 희생할 준비가 되어 있는 게 무엇인지 파악하라. 만약 뭔가를 포기할 준비가 되어 있지 않다면, 원하는 것을 바꿔야 할지도 모른다.

끌어당김의 법칙이 유리하게 작동하게 하려면 초점 맞추기는 가장 중요하게 적용해야 할 단계다. 당신은 1분에 서로 다른 주제에 관해 수백 가지 생각을 가질 수 있다. 이것은 생각을 분산시키며 하나의 주제에 지속적으로 초점을 맞추지 못하게 한다. 그러므로 여기서 생각의 초점을 맞추는 것이 얼마나 중요한지 알 수 있다.

부정적인 생각을 포기고 오직 긍정적인 생각만 견지해야 한다. 끌어당김의 법칙은 굳건한 초점과 명확한 이미지로 적용된 생각에 의해 결정된다. 나약한 생각은 바라는 것을 잡아당기지 못한다. 날이 가면서, 몇몇 당신의 에너지와 초점을 차지할 수 있는 것들이 당신을 방해할 수 있다. 비록 좋은 의도를 가지고 있다 하더라도, 당신의 직업 및 문제로부터 오는 좌절로 인해 의도는 이루어지지 못할 것이다.

긍정적인 생각을 가지는 기본적인 방법 중 하나는 원하는 것을 명확하게 하는 것이다. 누구도 당신이 무엇을 생각하고 있는지 알고 싶어 하지 않으며, 그럴 시간도 없다. 당신이 모든 좌절과 문제를 넘어 자신의 생각을 굳건히 붙잡아야 한다. 오직 그럴 때에만 욕망은 당신에게로 다가올 것이다.

마음에 욕망을 수용하는 힘이 강해질수록, 시간이 가면서 의식 또한 더 강해진다. 오직 소수만이 생각의 올바른 힘을 산출해 낼 수 있다. 그리고 그것이 대부분의 사람들이 원하는 것을 얻기 위해 노력해도 실패하는 이유다.

끌어당김의 기술은 하루 만에 배울 수 없다. 뭔가를 끌어당기는 강렬한 힘을 생성하기 위해서는 다른 기법들과 함께 연습해야 한다.

끌어당김의 법칙을 통해 마케팅 능력을 증가 시키기

위대한 사람도 실패한다. 이 말은 진리이며 지구상의 모든 사람에게 적용된다. 마케팅 전문가들도 예외가 아니다. 때때로 제품이나 서비스를 판매하려고 열심히 노력해도 할 수 없을 때가 있다.

여기 나오는 것들을 얼마나 많이 실천했는지 스스로에게 물어 보라.

- 현재 고객에게 꾸준하게 추천을 부탁했는가.
- 다른 비즈니스 네트워크에 당신의 제품이나 서비스로부터 혜택을 받을 사람을 알고 있는지 물어보았는가.
- 현재 고객에게 당신의 제품이나 서비스 중 원하는 게 있는지 물어보았는가.
- 단골에게 새 제품에 관심이 있는지 물어보았는가.

시간을 투자해 고객과 단골들에게 묻는다면, 목표를 성취하기가 더 쉬워질 것이다. 그러지 못한다면, 그것은 아마 다음과 같은 이유 중 하나일 가능성이 크다.

- 잠재고객을 진짜 고객으로 전환시키려고 노력하지 않았다.
- 마지막 고객과의 상호작용이 긍정적이지 않았다.
- 당신이 요청의 힘을 믿지 않는다.
- 잠재고객이 당신을 필요로 할 경우 전화하기를 기다린다.
- 단골이 항상 당신의 제품을 알고 있고 필요하다면 전화할 거라고 믿는다.

시장은 빛의 속도로 변하고 있다. 잠재고객이 미래의 단골이 될 거라고 보장할 수 없다. 당신은 현명하게 일해서 잠재고객을 장래의 고객으로 만들어야 한다. 당신의 제품 라인에 어떤 아이템을 추가했다면 고객이 모르고 있을 수도 있다. 고객에게 새로운 제품을 알리는 것은 당신의 의무다.

판매고를 올리는 힘은 가치를 평가하고 영업능력을 개선할 수 있는 능력에 직접적으로 비례한다. 그저 위에서 주어진 팁을 적용하고 마케팅 능력을 향상시켜라. 당신은 고객에게 마음을 열고 결과에 귀를 기울여야 한다.

아래에 마케팅 능력을 키우기 위해 따라야 할 7가지 단계가 있다.

△ 사업에서 끌어당김 요소를 인식하라: 끌어당김의 법칙을 이용하고자 한다면 법칙이 이미 당신의 비즈니스에서 작동하고 있음을 알아야 한다. 지금껏 알아차리지 못했다 해도, 자신의 판매수치를 자세히 살펴보면 알게 될 것이다.

△ 목표를 명확하게 하라: 목표를 적시에 구체적이고 측정 가능하도록 설정하라. 목표는 달성 가능하고 현실적이어야 한다. 매월 1만 달러어치를 판매하고 싶다고 가정하자. 이미 이 목표를 달성했다고 생각하면 열정이 솟아나온다. 이 흥분이 아이디어를 자신감 있게 우주에 보내고 법칙이 당신을 위해 일하기 시작할 것이다.

△ 반복해서 시각화를 하라: 매일 아침 적어도 10분씩 시각화를 해야 한다. 있고 싶은 자리에 있는 자신의 모습을 봐야 한다.

△ **행동하라:** 목표를 달성하기 위해서는 행동을 취해야 한다. 시각화만 하면서 법칙이 작동하기를 기다려서는 안 된다. 목표에 도달하려면 당신 스스로도 행동을 취해야 한다.

△ **끌어당김을 유지하라:** 끌어당김의 법칙은 삶의 모든 계층에 존재한다. 당신은 이 사실을 알아야 한다. 목표를 마음에 그리고 종일토록 긍정적인 생각과 느낌을 유지하도록 하라.

△ **공유하라:** 당신의 욕망을 달성하도록 지원해주는 사람들과 목표를 공유하라. 그들은 고객이나 가족, 또는 친구가 될 수도 있다.

△ **이 연습을 매일 반복하라:** 법칙의 힘은 오직 이 연습을 지속적으로 반복하고 실천할 때에만 작동한다.

끌어당김의 법칙을 이용해서 판매고를 올리는 팁

판매를 늘리기 위해 사람들에게 본인의 뜻에 반하게 하면서까지 물건을 사게 해서는 안 된다. 당신의 제품을 기꺼이 사려고 하는 적절한 사람들을 끌어당겨야 한다.

높은 판매고와 같은 것을 끌어당기기 위해서는, 그것을 "원하고 있음"에서 이미 가지고 있다는 "느낌"으로 나아가야 한다. 느낌에 특정한 진동은 당신의 생각보다 훨씬 더 빠르게 작동한다. 반응은 의지에 어울리게 일어나게 되어 있다.

이제 당신은 감정을 담아서 판매 목표를 달성했다고 상상해야 한다. 감정 없이 단순한 시각화만으로는 효과를 보기 힘들다. 아무것도 끌려오지 않을 것이다. 끌어당김의 법칙이 유리하게 움직이게 하려면 감정을 계속 충전해야 한다.

판매가 일어나고 있다고 느껴라. 판매가 정확하게 어떻게 되기 바라는지 선명하게 시각화하라. 주의를 모두 기울여서 제품이 지금 팔리고 있다고 느껴야 한다. 가능한 한 강렬하고 진짜처럼 느낄 수 있도록 노력하라.

신체의 모든 감각기관을 동원하여 느낌을 생생하게 하라. 몸으로 감지하는 어떤 소리나 광경, 혹은 냄새든지 목표를 이루는 데 기여한다. 이렇게 하면 진동을 세밀하게 조정하는 데 도움이 되며, 당신은 원하는 것을 끌어당길 수 있을 것이다.

아래에 진동을 활용해서 현재 속에서 느끼고 살 수 있는 10가지 팁이 있다. 이 진동은 당신의 세일즈를 증가시키도록 도울 것이다.

△ **원하지만 필요하지는 않다:** 당신은 현재 상황에 대한 느낌을 표시해야 한다. 행복과 수용의 정신을 가지도록 훈련하여 이 느낌이 당신의 삶 속으로 더 많이 들어오도록 하라.

△ **고요하고 편안하게 원하라:** 능력과 충동 사이의 차이를 생각하라. 인내심으로 성급한 마음을 대체하라.

△ **항상 뭔가 더 나은 쪽을 향해 움직여라:** 최종 결과를 상상하되, 방법을 알아내는 것은 우주에게 맡겨라.

△ **지금 가지고 있지 않아도 기뻐하라:** 삶을 개선하기 위해 이것저것 바라면서도 여전히 기뻐할 수 있다. 현재에 행복을 즐기도록 하라.

△ **믿고 굴복하라:** 더 높은 힘을 믿어라. 그 힘은 당신이 원하는 것과 당신에게 있어 무엇이 최선인지 알고 있다. 그 유수한 힘에 무릎을 꿇어라.

△ **그것을 원하는 이유는 무엇인가:** 자기 자신에게 물어라. 당신이 그것을 원하는 이유는 무엇인가?

△ **이유를 조사하라:** 구체적으로 더 많은 이익과 원인을 시각화할 수 있을수록, 더 많이 욕망을 나타내게 될 것이다.

△ **한 걸음씩 나아가라:** 앞으로 내딛는 어떤 걸음이든지 원하는 것에 더 가깝게 해준다. 결연한 행동은 커다란 결과에 이바지한다.

△ **인내심을 발휘하라:** 성공은 적절한 아이디어의 결실이

다. 시간과 맞서려 하지 말고 현재에 살아라.

△ **상상하라 – 당신은 자격이 있다:** 당신은 필요로 하는 것을 가질 자격이 있다. 어떤 제한적인 신념도 찾아내서 거부하라. 자신은 원하는 것을 분명히 만들어낼 수 있다는 사실을 상기하라.

마케팅의 성공을 시각화하여 더 많은 것을 획득하라

이제껏 친구나 가족과 함께 있고 싶은 곳에 있는 자신을 상상해본 적이 있는가? 자신이 해변에 누워 쉬고 있는 것을 상상해본 적 있는가? 이것을 백일몽, 공상이라고 한다. 하지만 또한 시각화라고도 부른다.

목표를 시각화하라

하버드 비즈니스 스쿨에서 채택된 방법을 실행에 옮기자. 이 학교 졸업생들은 자신의 성공을 시각화하라는 요청을 받았다. 명확한 목표를 가진 학생들은 목표가 명확하지 않은 이들보다 10배 더 많은 돈을 벌었다. 당신도 이 전략을 이용해서 꿈을 현실로 인도할 수 있다.

당신에게 있어 성취를 의미하는 밝은 아이콘을 마음속에 생성하라. 그런 뒤에 다음 질문에 답하라.

- 자신의 시간으로 무엇을 하고 싶은가?

- 고객과 단골로서 누구를 원하는가?

- 얼마나 많은 고객과 단골을 갖고 싶은가?

- 얼마나 많은 돈을 벌고 싶은가?

 - 마음에 드는 자선단체에 얼마나 많이 기부하고 싶은가?

- 어떤 라이프스타일을 갖고 싶은가?

끌어당김의 법칙을 이용해서 원하는 인생을 창조하기

이 장에서는 끌어당김의 법칙을 의사소통에 적용하는 법을 배운다. 그리고 사람들이 의사를 전달할 때 저지르는 실수에 대해서도 논하려 한다. 또한 끌어당김 요소를 활용하는 방법에 대해서도 배울 것이다.

끌어당김의 7가지 법칙

궁극적으로 하나의 법칙, 끌어당김의 법칙으로 수렴되는 7가지 법칙이 있다.

△ **물질화의 법칙:** 무엇이든지 생각하고 많은 에너지를 투여하는 것은 현실로 구체화되어 나타난다. 당신은 자신의 생각을 통해 현실을 창조한다. 성공을 원한다면, 성공을 강렬히 생각해야 한다. 그리하면 그것은 당신의 것이 될 것이다. 마찬가지로, 실패를 골똘하게 생각한다면, 실패가 당신을 찾아올 것이다. 그러므로 바라는 것에 조심해야 한다. 무엇이든지 충분히 강하게 집중하면 현실로 모습을 드러낼 것이기 때문이다.

△ **확고한 욕망의 법칙:** 자신이 원하는 것을 얻을 자격이 있는 사람이라고 느낀다면, 순수한 가슴과 완벽한 집중으로 그것을 가지기를 바라야 한다. 이 흔들림 없는 욕망이 우주에 진동을 보내고 당신은 자신의 것을 받게 된다. 두려워하거나 어떤 의심도 가져서는 안 된다. 두려움과 의심은 당신을 제지하고 억누르기 때문이다.

△ **섬세한 균형의 법칙:** 어떤 상황에서도 절망하지 마라. 절망은 진정 부정적인 감정이다. 절망은 잘못된 신호를 내보낸다. 항상 현재와 꿈꾸는 삶 사이의 밸런스를 유지해야 한다. 오직 목표만을 향해 돌진하면서 다른 것은 소홀히 해서는 안 된다. 그것은 도움이 되지 않는다. 꿈을 굳게 붙잡고 있으면서도 현재 가지고 있는 것에 만족할 줄 알아야 한다.

△ **자력의 법칙:** 과학에서는 '반대 극끼리 서로 끌어당기고 같은 극끼리는 밀어낸다'고 한다. 하지만 끌어당김의 법칙에서는 그렇지 않다. 우리가 내보내는 에너지가 우리가 끌어당기는 에너지다. 그 에너지는 긍정적일 수도 부정적일 수도 있다.

△ **동기화의 법칙:** 우주는 우리에게 많은 것을 준다. 우주가 주는 것을 적절하게 사용하는 것은 우리의 손에 달려있다. 당신은 전체의 일부지만 전체 그 자체는 아니다. 그러므로 '제공자'와 조화를 이루어야지 역행해서는 안 된다는 사실을 명심하라. 이것이 동기화(synchronization)의 법칙이다.

△ **보편적인 영향의 법칙:** 어떤 것도 당연하게 여겨서는

안 된다. 가장 무해한 행동 하나도 영향을 미칠 수 있다. 모든 사람은 서로 연결되어 있기 때문에 한 사람이 하는 행위는 다른 이들에게도 영향을 준다. 당신은 에너지로 빛나는 존재이며 진동하고 있으므로, 이 진동은 밖으로 퍼져나가고 다른 사람이 당신의 진동에 영향을 받는다.

△ **양심적 행동의 법칙:** 이 법칙은 뿌린 대로 거둔다고 말한다. 당신은 고귀하게 행동해야 한다. 이것만이 풍성한 보상을 가져다줄 것이다.

7가지 끌어당김의 법칙이 조화를 이루는 삶을 살라. 항상 긍정적이고 목적의식적으로 생각하고 느껴라. 당신은 오직 최고만을 끌어당길 것이다. 성공과 지복(至福)은 당신의 것이다.

끌어당김의 법칙의 비밀과 그 사용

"실천하기 전에 성공이 유일하게 존재하는 자리는 사전 속에서 뿐이다."

어떤 것에 호기심이 생기고 의심이 들 경우, 당신은 그 주위에서 신비를 발견하고 곧 우주 법칙의 여러 층에 대해서 배울 수 있을 것이다. 그리고 원하는 것을 얻기 위해 끌어당김의 법칙을 사용할 수 있을 것이다.

아시다시피, 이 우주의 모든 것에는 어느 정도의 신비와 마법이 깃들어 있다. 끌어당김의 법칙도 예외가 아니다. 이제 끌어당김의 법칙의 비밀을 탐구해 보자.

생각하라: 올바른 사고의 비밀은 왜, 언제, 어떻게, 얼마나 오래 생각하는가이다. 그러므로 사고력을 극대화하고 생각을 강하게 만드는 방식으로 사고해야 한다.

생각을 글로 적어라: 자신의 생각을 글로 적는 것은 매우

중요하다. 생각을 글로 적는 것은 우주와 소통하는 좋은 방법이다. 또한 글을 쓴다는 것은 내면의 마음과 대화를 나눈다는 의미도 된다.

내려놓아라: 이것은 오히려 모순적으로 끌어당김의 법칙을 제어한다. 당신은 내려놓아야 한다. 하지만 마음속에 꾸준히 갖고 있어야 한다. 내려놓는다는 것은 그것에 대해 절실하거나 필사적인 감정을 가지지 않는다는 것이다. 그렇다고 해서 욕망에 대해 믿음과 비전을 상실하는 것은 아니다. 절실한 감정은 어디에도 데려가주지 않는다. 그러므로 원하는 것을 생각하고, 글로 쓰고서 그런 다음 생각이 아닌 마음속에서 내보내라.

끌어당김의 법칙은 과일과 같다. 껍질을 벗겨야 과일의 속살을 볼 수 있다. 그러나 과일이 실제로 그 안에 무엇을 담고 있는지를 알려면, 씨앗이 있는 곳까지 안으로 깊이 들어가야 한다. 그냥 껍질만 벗겨서 살을 먹어서는 목적을 이룰 수 없다.

우리 모두 자면서 꿈을 꾼다. 프로이트는 모든 꿈은 우리의 소망이라고 말한다. 오직 헌신과 인내로 행동하겠다는 계획이 수반되는 꿈만이 "열매"를 맺어 스스로를 증명할 것이다.

행동의 법칙으로 이해될 때 끌어당김의 법칙은 결과를 창출할 수 있다. 당신이 행하는 모든 행동이 다른 행동으로 이끈다고 의미하는 것이 카르마다. 이것이 원인과 결과라고 하는 보편법칙이다.

먼저, 주변 환경에 있는 것들을 보면서 시간을 보낼 수 있다. 지금 있는 것들을 더 많이 보고 인식할수록, 더 많은 것들이 삶 속으로 들어오는 자리가 마련된다.

두 번째 단계는, 꿈을 꾼다는 것은 이미 창조하기 시작한 것이라는 단순한 사실을 인식하는 것이다. 꿈을 믿고 목적과 결부시킬수록, 꿈은 더욱더 견고해진다. 끌어당김의 법칙은 그 꿈과 거기에 담겨지는 감정에 반응한다. 법칙은 이것을 진실로 받아들이고 물리적 형태로 끄집어낸다.

의사소통과 끌어당김의 법칙

커뮤니케이션은 다른 사람과 연결되는 것이다. 하지만 우리 대부분은 의사소통을 할 때 많은 실수를 저지른다. 여기에 효과적인 커뮤니케이션을 위한 몇 가지 가이드라인이 있다.

1. 생각하고 나서 말하라: 누구도 생각 없이 말할 수 없다. 생각 없이 하는 커뮤니케이션은 항상 감정이 결부되기 마련이고, 오해로 이어지기 십상이다. 지금부터는 잠시 멈춰서 생각한 다음에 입 밖으로 내보내도록 하라. 무슨 말을 할지 1초만 숙고했다가 반응하도록 하라. 오해의 소지가 확실하게 줄어들 것이다.

2. 메시지를 명확하게 전달하라: 입을 열기 전에 항상 하고 싶은 말을 먼저 생각하라. 많은 사람들이 생각을 명확하게 전달하지 못한다. 오해가 빈번하게 일어나며 의사소통은 실패한다. 자신의 말이 명확하지 않다고 느껴진다면, 표현을 다르게 해서 다시 말할 수 있다. 고쳐 말하면, 의사전달에 있어서의 모든 오해는 사라질 수 있다.

3. 확실하지 않은 것은 말하지 마라: 다른 사람에 대해 말할 때 사실의 진실 여부가 확실하지 않는 한 말을 삼가고 보류하라. 타인에 대한 험담은 항상 피해야 한다. 험담은 시간낭비일 뿐이며 좋은 결과를 가져오지 않는다. 대신 성취의 길로 이끌어주는 주제에 대해서 이야기하라. 확실하지 않은 것에 대한 얘기로 시간을 낭비하지 마라.

4. 공격적인 말을 쓰지 마라: 욕도 하지 않도록 해야 한다. 사실 욕설은 일종의 오물이며 우리의 마음뿐만 아니라 다른 사람의 마음까지도 오염시킨다. 자신의 이미지도 손상된다. 따라서 환경이나 상황 탓으로 변명을 하고 싶을 때에도 상대를 공격하는 말과 욕은 피하라.

5. 자신에 대해 얘기하지 마라: 자화자찬은 함정이나 다름없다. 괜스레 자기 무덤을 파지 마라. 계속 자신과 가족에 대해 얘기한다면 상대는 지루해할 것이다. 보통 이런 식의 의사소통은 예의에서 벗어나는 것으로 여겨진다.

6. 시선을 피하지 마라: 말할 때마다 상대방의 눈을 들여다 보라. 이것은 당신의 진심을 나타나게 해준다. 숨길 게 없다면,

시선을 피할 이유가 어디 있겠는가? 대화 상대의 물음에 답하면서 다른 데를 쳐다보는 것도 예의에서 벗어나는 행위다.

7. 예의 바르고 매너 있게 행동하라: 말할 때 매너를 보여줘라. 사람들에게 예의 바르고 품위 있게 행동하라. 공손하게 말하고 인사말을 건네라. 당신이 정중하게 예의 바르게 행동하면 다른 이들의 사랑을 받을 것이다.

자신이 좋은 대화 상대라고 생각하라. 사람들이 당신과 얘기하기를 좋아한다고 상상하라. 마음속으로 사람들과 즐거운 대화와 의사소통을 나누는 이미지를 그려라. 조금 시간이 지나면 자신감이 더 많아질 것이다. 잠재의식이 끌어당김의 법칙과 조화를 이루도록 의사소통 능력을 증진시켜주는, 보다 가치 있는 환경을 마련해줄 것이다.

마스터 요인은 어떻게 끌어당기나?

돈을 쓸 때마다, 목적이 무엇이든지 간에 항상 그 돈을 축복하라. 다른 이들에게 주는 돈을 축복하고 그 돈이 그들의 삶에 변화를 주기를 소망하라. 또한 신성에게 돈이 배(培)로 늘어서 당신에게로 돌아오게 해달라고 요청하라.

돈을 끌어당기고자 한다면 이것은 중요한 습관이다. 끌어당김의 법칙의 세계에서 행동과 감정은 많은 힘을 가지고 있으며 정적인 사진보다 더 큰 소리로 말한다.

끌어당김의 법칙은 일단 그 존재를 알게 되면 마스터하고 싶어지는 그런 것이다. 그러나 실질적으로 당신은 이미 그 법칙의 마스터다. 지금 당신의 삶에 있는 것이 무엇이든지 그것은 끌어당김의 결과다. 중요한 것은 끌어당김 요소를 어떻게 마스터하느냐가 아니라, 어떻게 하면 원하는 것을 끌어당길 수 있게 하느냐이다.

끌어당김의 법칙은 오랜 옛날부터 존재해 왔다. 이 법칙은 당신이 태어나는 순간부터 당신의 삶에서 작용해 왔다. 법칙은 표준이며 변하지 않는다. 법칙에서 유일한 변수는 바로 당신이다. 그러므로 인생에서 법칙을 활용하려면 당신이 바뀌어야 한다. 더 많이 변할수록, 인생에서 원하는 것을 더 많이 얻게 될 것이다.

오직 당신이 변해야 삶의 조건들도 달라질 것이다. 법칙을 알면 법칙이 원하는 것들을 끌어당겨줄 거라는 생각은 아름다운 동화일 뿐이다. 당신이 변해야만 외부적인 것들도 달라진다. 부자가 되고 싶다면, 이미 부유한 자신을 마음의 눈으로 바라봐야 한다.

진실은, 끌어당김의 법칙은 당신에게 집중한다는 것이다. 다른 변명은 없다. 당신은 당신 자신을 끌어당긴다. 이것을 진정으로 이해하면, 끌어당김의 법칙을 다스리기 위해서는 오직 자기 자신을 마스터해야 한다는 사실을 알게 될 것이다.

더 많은 것들을 끌어당기는 명상을 매일 하면서 의식을 다듬고 강렬하게 시각화를 하라. 성공한 사람들은, 깊이 생각하고 살펴보는 것을 의식(儀式)으로 한다. 그들은 우주의 전자기력

같은 힘이 자신의 청원을 인식하고 만족시켜 주리라는 걸 알고
있다.

마음의 자세는 필연적으로 우리가 생각하는 것에 따라 달라진
다. 따라서 모든 능력, 모든 성취와 소유의 비밀은 우리의 사고방
식에 따라 달라진다. 모든 능력의 실질적인 비밀은 우리의 생각
에 따라 달라진다. 생각할 수 있다면, 우리는 그것을 현실로
만들 수 있다. 인생에서 원하는 목표를 달성하고자 한다면, 설득
력 있는 방식을 적용하는 법을 알아야 한다.

가장 중요하게 깨달아야 할 것 중 하나는 끌어당김의 법칙을
실행하는 데에는 당신의 참여도 또한 필요하다는 것이다. 이
점을 명심하면, 삶에서 갖고자 원하는 모든 것을 이룰 수 있을
것이다.

성공을 위한 끌어당김의 법칙

이 장에서는 성공에 대해서 말하려고 한다. 성공이란 무엇인가? 어떻게 성취할 수 있는가? 도대체 왜 성공할 필요가 있는 걸까? 성공하려면 끌어당김의 법칙을 어떻게 이용해야 하는가? 또한 나는 성공의 7가지 영적 법칙에 대해서도 논할 것이다.

성공이란 무엇인가?

가장 중요하게 이해해야 할 것은 성공이 무엇인지 누구도 당신에게 말해줄 수 없다는 것이다. 당신은 성공을 뒤쫓고 추격할 수 없다. 성공은 다가오는 것이다. 당신은 참을성 있게 기다려야 한다. 당신은 성공을 서두를 수 없다. 다른 사람의 정의에 맞춰 성공하려고 한다면, 확실하게 곤경에 빠지고 말 것이다. 설사 성공에 도달했다고 해도, 다른 사람에 의해 주어진 성공의 정의는 변한다는 걸 알게 되고, 당신은 다시 한 번 처음 시작했던 자리에 있는 자신을 발견하게 될 것이다.

앞으로 나아가는 가장 좋은 방법은 엉덩이를 깔고 앉아서 성공을 나타낸다고 생각되는 모든 것을 글로 적어보는 것이다. 무엇이 중요한지 자기 자신에게 물어보라. 인생에서 원하는 성취는 무엇인가? 인생의 끝에 이루고 싶은 것에는 무엇이 있는가?

성공이 무엇인지 정의내릴 수 있는 사람은 오직 자신뿐임을 항상 기억하라. 이것을 이해하게 될 때까지 당신은 다람쥐처럼 쳇바퀴를 반복하며 성공이 무엇인지 알 수 없을 것이다. 자신만의 성공의 정의를 얻을 때 당신은 성공을 이룰 수 있을 것이다.

성공은 건물을 세우는 것과 비슷한 방식으로 구축되어야 한다. 성공은 하루아침에 이루어지지 않는다. 성공에는 시간과 계획이 필요하다. 성공을 위한 계획을 수립하고 나면, 실질적인 노력을 들여야 한다. 아래에 성공의 구조를 세우기 위한 세 가지 열쇠가 있다.

1. 계획 수립: 모든 성공은 마음에서부터 시작된다. 인생에서 성공의 잠재력을 가장 크게 하려면 그것을 얻는 방법을 계획해야 한다. 이것은 목표를 정하고, 계획을 수립하고 다른 사람들과 상호작용하는 것으로 할 수 있다. 계획이 철저할수록, 원하는 목표에 도달하기는 더 쉬워진다. 계획을 세우지 않는다는 것은 스스로를 실패하게끔 프로그래밍하는 것이나 다름없다.

2. 팀 구축: 집이나 건물을 지을 때는, 함께 골격을 세우고 형태를 올려줄 사람들로 팀을 구성해야 한다. 성공도 마찬가지다. 혼자 단독으로 행동할 수는 없다. 당신의 성취를 위한 구조를 만들어줄 팀을 갖춰야 한다.

3. 시간: 당신이 곧장 성공하고 싶어 하는 마음은 알지만, 영구적인 성공을 구축하는 데에는 시간이 걸린다는 사실을 알아야 한다. 만약 하루 만에 집을 세웠다면, 그 집은 오래 가지 못할 공산이 크다. 성공의 속도를 높일 수는 있지만, 빨리 성공하려고 원하는 성공의 질을 타협해서는 안 된다. 그랬다가는 다른 무엇보다도 더 많은 고통과 실패를 겪을 것이다.

이제 성공을 달성하는 데 도움이 될 세 가지 팁을 드리겠다.

1. 다른 사람을 도와라: 다른 사람의 행복과 성공에 손을 거드는 것은 당신의 성공에 있어서도 결단코 중요하다.

2. 목적지를 설정하라: 성공은 목표를 마련하고 달성하는 방법을 발견하는 것이다. 또한 자신의 진보도 측정할 수 있어야 한다. 무엇을 성취하고 싶든지 간에, 성공을 이루기 위해서는 구체적인 목표를 세워야 한다.

3. 무엇도 당신을 방해하지 못하게 하라: 최종 목표에 집중하라. 여정에는 장애물과 방향 상실도 있을 것이다. 하지만 결과가 보일 때까지 멈추지 마라. 어떤 이유에서라도 포기해서

는 안 된다.

성공의 7가지 영적 법칙

신념의 많은 부분은 과거의 경험으로부터 영향을 받는다. 당신이 성공이나 실패에 반응하는 방식은 외부세계에 대해 얻는 정보와 정보를 처리하는 방식에 따라 달라진다. 당신은 어떤 영역에서는 빠르게 진보하고, 또 어떤 영역에서는 고되게 분투하게 될 것이다. 이것이 카르마의 법칙이다.

과거의 조건이 욕망을 향해 전진하는 것을 가로막을 때 당신은 도전을 받고 있는 것이다. 뭔가를 얻겠다는 아주 강한 욕망을 가졌을 경우 그것을 향해 나아갈 수 없다면, 더욱더 좌절하게 될 것이다. 그러므로 성공을 원한다면, 과거의 조건을 반드시 극복해야 한다.

이제 당신에게 과거의 조건을 극복하는 세 가지 길을 알려드리겠다. 그것은 다음과 같다.

첫 번째는 그냥 카르마를 받아들이고 더불어 사는 길이다. 빚이 모두 청산되고 해소될 때까지 카르마를 짊어지고 사는 것이다. 이것은 우리가 무의식적으로 선택하는 방법이다. 사실 우리 모두는 과거의 카르마의 부채를 지불하고 있다. 우주는 과거 카르마의 부채가 모두 청산될 때까지 우리를 놓아주지 않을 것이다.

과거 카르마에 대한 지불이 끝날 때 당신은 행복하고 욕망은 충족될 것이다. 그러나 카르마를 청산하고 있는 동안에는 좌절 속에 있게 된다. 카르마의 대가 지불이 끝나기를 기다리고 있을 때는 인생에서 많은 장애물을 만난다. 때로 한 번의 인생으로는 카르마의 변제가 충분하지 않을 때도 있다.

과거의 조건을 극복하는 데에는 두 가지 방법이 있다. 채무 상환이 끝날 때까지 기다리던가, 기부의 형태로 대가를 지불함으로써 카르마를 극복하는 것이다.

이 접근법이 더 적극적이다. 당신은 옷의 얼룩을 세척하는 것처럼 과거 조건의 효과를 무효로 만들 수도 있다. 이것은 명상을 통해 카르마의 빚을 상환할 수 있다는 의미다.

성공의 7가지 영적 법칙은 자연의 원리로 이루어져 있다.

당신은 이 자연의 원리를 인생의 기본적인 원칙으로 구성할 수도 있다. 또 미래의 성공과 행복으로 향하는 길로 사용할 수도 있다.

올바르고 영원한 성공의 7가지 영적 법칙에서 가장 중심적인 도덕 중 하나는 내면의 과정이다. 그것은 외부 세계와, 당신의 바깥세상에서 벌어지는 일과는 별 관계가 없다.

일단 진정한 정체성을 깨달으면, 그리고 자신이 몸만이 아닌 영적인 존재라는 사실을 알게 되면, 성공은 당신의 것이 될 것이다. 당신은 평화와 성취, 기쁨을 체험할 것이다. 또 당신이 지구에 태어난 이유가 바로 이것이란 걸 깨달을 것이다.

어떤 면에서 성공의 7가지 영적 법칙을 따른다는 것은 매일 내면으로 평화를 느끼면서 사는 것을 의미한다. 내면의 평화는 조화와 기쁨에 찬 관계를 가져온다. 이것은 에너지와 열정, 열망으로 가득 찬 삶에 기여할 것이다. 당신은 항상 행복할 것이다. 이것이 성공의 7가지 영적 법칙에 대한 모든 것이다.

끌어당김의 법칙을 통한 성공의 열쇠

끌어당김의 법칙의 맥락에서 성공은 풍요를 포함한다. 풍요는 단순히 돈이나 일시적인 명성을 얻는 것을 의미하지 않는다. 여기서의 성공의 의미는 더 깊이 들어간다. 일반적으로 법칙은 경력과 재정이나 인생과 관련해서 최고의 행복을 준다. 이 철학은 우리에게 다른 시점에서 인생에 접근하라고 요청한다. 끌어당김의 법칙은 우리에게 내면의 자아를 탐구하라고 요구한다. 그리고 무의식을 원래대로 돌려놓고 진실한 삶의 의도를 알아차리라고 말한다. 또 내면의 목소리를 듣도록 돕는다. 삶에 대한 이 깨달음과 내면의 목소리는 우리 인생에 놀라운 일을 한다.

법칙은 당신의 진정한 잠재력을 깨닫도록 지지한다. 원칙은 외부의 환경적 요인에서 당신을 구분하고 마음을 집중하도록 격려하기 때문이다. 명상과 확언은 법칙이 인생의 성공에 기여하기 위해 제안되는 두 가지 수단이다.

법칙은 또한, 성공은 생각의 힘을 통해 인생에서 부정적인 영향을 물리치는 것을 수반한다고 말한다. 이것은 긍정적인 태도와 평온한 마음을 보존하고 부정적인 생각에 굴복하지 않으면, 문제를 초월할 수 있기 때문에 가능하다. 이것은 긍정적인 생각과 법칙에 귀를 기울이는 것은 대비되어 있다는 감각을 생성하기 때문에 그렇다. 그리하여 당신은 도전거리에 똑바로 맞설 힘을 얻는다. 이 힘은 두려움을 극복하도록 도우며 당신의 부정적인 생각은 사라질 것이다.

결국 법칙은, 성공은 오직 물질적인 것만은 아니라고 가르친다. 그것은 추상적인 개념이다. 성공은 인생의 목표가 이루어졌다고 알아차릴 때 온다. 이 깨달음은 당신이 미션을 달성한 후에는 엄청난 행복을 제공한다. 이 행복은 성취와 충만함의 감각, 전체성의 감각을 의미합니다.

그래서 법칙은 우리에게 인생에서 원하는 것을 이루려면 끌어당김의 법칙의 진정한 비밀을 적용해야 한다고 말한다. 우리는 우리가 느끼는 감정을 정교하게 다듬어야 한다. 그것은 처음에는 어려워 보일 수도 있지만, 부정적인 생각을 긍정적인 것으로 바꾸는 것은 가능하다. 이것이 우리의 인생에 성공을 가져올 것이다.

법칙을 적용하기 위해 끌어당김의 법칙의 비밀을 의식적으로 인식할 필요는 없다. 끌어당김의 법칙은 당신의 의도와 아무 관계없다. 그것은 항상 작동한다. 법칙은 절대로 멈춰 서서 당신이 목적을 가지고 끌어당기고 있는지 우연히 끌어당기고 있는지 알아보려고 하지 않는다.

끌어당김의 법칙을 통해 성공의 법칙을 이용 하려면?

아직 많은 사람들이 끌어당김의 법칙을 이용해서 인생에서 원하는 것을 얻을 수 있다는 걸 인식하지 못한다. 하지만 걱정하지 마라. 당신에게 법칙을 따르고 원하는 것은 무엇이든지 끌어당기기 쉽게 해주는 팁을 단계별로 드릴 것이다. 다음과 같다.

끌어당김의 법칙 인식하기

끌어당김의 법칙을 인지하는 것이 가장 중요한 단계다. 법칙은 당신이 태어나기 전부터 존재해 왔다. 인생에서 일어난 모든 일은 법칙과 함께 당신이 끌어당긴 것이다. 의도적일 수도 있고 우연히, 부지불식간에 끌어당긴 것일 수도 있다. 이것을 깨달아야 한다. 그러면 변할 수 있는 힘이 주어질 것이다. 그러므로 지금부터 삶에서 일어나는 어떤 나쁜 일에도 불평하지 않겠다고 결심하라. 불평할수록 불평의 대상인 나쁜 일들이 더욱더 끌려오기 때문이다.

△ **명확한 목표를 세워라:** 목표는 성취 가능하고 현실적이어야 한다. 또 성취를 측정할 수 있고 시간 내에 달성할 수 있어야 한다. 끌어당김의 법칙은 원하는 것을 얻는 툴이다. 법칙을 적절하게 사용하라. 그리하면 당신의 인생은 확실하게 성공할 것이다.

△ **시각화하라:** 인생에서 무엇을 원하는지 상상하라. 상상과 함께 살아라. 원하는 것의 그림을 창조하고 시각화하라. 이것이 끌어당김의 법칙을 통해 성공으로 향하는 디딤돌이다.

△ **행동하라:** 많은 사람들이 끌어당김의 법칙을 활용하는 것은 행동 없이 그냥 묵상하기만 하는 것이라고 생각한다. 하지만 그렇지 않다는 걸 기억해야 한다. 끌어당김의 법칙은 당신을 위해 작동하고 있다. 이 사실을 깨달아야만 결과를 만들어낼 수 있다.

△ **아침부터 밤까지 진동을 느껴라:** 끌어당김의 법칙은 단순한 시각화가 아니다. 그 이상이다. 법칙은 하루 종일 당신이 원하는 것을 끌어당기는 생각과 감정을 보내고 있다. 그러므로

긍정적인 마음자리에 머물면서 자신이 무엇을 원하는지 상기하라.

△ **나눠라:** 당신의 목표에 영향을 받은 사람들과 함께 목표를 공유하려고 하라. 이것은 그 안에서 사람들이 또한 목표를 당신에게로 끌어다주는 환경을 만들어줄 것이다. 주변에 당신을 위해 목표를 끌어다주는 사람이 있다면, 원하는 것을 더 빠르고 쉽게 끌어당길 수 있다는 것은 두 말할 나위가 없을 것이다.

△ **과정을 반복하라:** 로마는 하루아침에 세워지지 않았다. 마찬가지로 성공은 하루아침에 오지 않는다. 당신은 성공을 위해 노력해야 한다. 모든 감정과 생각을 성공을 위해 설정하라. 정원에 물을 주듯이 매일 우주에 생각을 보내라. 이것은 우주에 진동을 보내고 끌어당김의 법칙은 당신에게 원하는 것을 줄 것이다.

이것은 내가 내 인생에서 성공을 끌어당기기 위해 사용했던 강력한 일곱 가지 스텝들이다. 이제 당신에게 공개했으니 당신 또한 원하는 것을 성취할 수 있다.

후기

우리는 끌어당김의 법칙이 인생에서 무엇을 할 수 있는지 보았다. 지금까지 보아온 것을 하기 위해서는 당신은 가능한 한 자기 자신을 많이 교육시켜야 한다. 그리고 법칙이 말하는 것을 깨달아야 한다. 또한 삶 속으로 끌어당기는 방법도 알아야 한다.

이 책에서 나는 성공을 성취하고 더 많은 돈을 버는 방법을 말했다. 그러므로 당신도 오늘부터 자신의 손으로 직접 시작하도록 하라.

당신의 성공을
기원합니다